U0560063

达摩派秘传技击术

蒋清 著

北京体育大学出版社

责任编辑：王泓滢
责任校对：陈　颖
版式设计：高文函

图书在版编目（CIP）数据

达摩派秘传技击术 / 蒋清著 . -- 北京 : 北京体育
大学出版社，2025.2. -- ISBN 978-7-5644-4248-4
　　I. G852.1
　　中国国家版本馆 CIP 数据核字第 2024B5A474 号

达摩派秘传技击术
DAMOPAI MICHUAN JIJISHU

蒋清　著

出版发行：北京体育大学出版社
地　　址：北京市海淀区农大南路 1 号院 2 号楼 2 层办公 B-212
邮　　编：100084
网　　址：http://cbs.bsu.edu.cn
发 行 部：010-62989320
邮 购 部：北京体育大学出版社读者服务部 010-62989432
印　　刷：三河市龙大印装有限公司
开　　本：710mm×1000mm　　1/16
成品尺寸：170mm×240mm
印　　张：15.5
字　　数：189 千字
版　　次：2025 年 2 月第 1 版
印　　次：2025 年 2 月第 1 次印刷
定　　价：45.00 元

　　达摩派，乃少林古传武术流派，历史悠久，流传很广。少林派很多拳种，大都由此演变而来。近代著名的达摩派武术家汤显在其著作《达摩派拳诀》自序："梁天监中，达摩师遗留《天竺易筋经》于嵩山少林寺，其僧徒演而习之，尽心推广，代有传人，遂成出群卓越之奇术。"

　　武术界一直传有"少林拳法出达摩"之说，民国时期尤为推重此渊源，然编者经过研究，认为此说有待商榷，有待考证。但丰富多彩的达摩派，已成少林武术不可或缺的一大名宗，却是实至名归。

达摩派非常推崇对人体穴位的攻击，招法简洁，效果甚佳。其技法主要有三种：蛇拳之剑指点穴，虎爪拳之爪法扣穴，鹤拳之掌法插穴。此三种技法主要点击人体三十六要穴：鸠尾穴、章门穴、京门穴、膻中穴、听宫穴、印堂穴、太阳穴、期门穴、廉泉穴、腹结穴、商曲穴、翳风穴、天突穴、大椎穴、风府穴、灵台穴、极泉穴、会阴穴、神阙穴、命门穴、人迎穴、神庭穴、筋缩穴、肾俞穴、中脘穴、巨阙穴、脑户穴、气海穴、风池穴、辄筋穴、膺窗穴、玉枕穴、水沟穴、长强穴、日月穴、天池穴。

　　洪拳是达摩派的入门基础，易学易练，招法精简，技术实用。其总诀曰：达摩洪拳招势强，上打咽喉下打裆。若遇恶徒必除暴，出手见红来安良。汤吉人（汤显之子）《大洪拳》"大小洪拳"一节开头载曰："洪拳系活法之一种，有大洪拳、小洪拳之别，时时练习，举动灵敏，应变无穷。昔宋太祖专学此法，名传至今，为醉心国技者必学之法。"达摩洪拳有小洪拳与大洪拳两种，大致根据其架势的大小以及发劲的长短而分。小洪拳练法简单，动作较小，架势紧凑，多用横力短劲；实战时擅长以肘膝短促突击，讲究先防后攻，后发先至。大洪拳架势较大，动作舒展，注重发劲；实战时擅长使用腿法，冲击扑进，力大势猛，攻击性强。

　　达摩派因其传承历史的悠久，其技法发生了很大变化，产生了很多支流，可谓争奇斗艳，不胜枚举。仅就编者所熟知常练的"汤势达摩派"（指由汤显传承的此派武术）而言，其种类即有一二十种，如龙法（外家龙拳）、虎法（内家虎拳）、豹法（硬功豹拳）、蛇法（软功蛇拳）、鹤法（内家鹤拳）、活法猴拳、活法黄龙拳、五虎落四川岳家拳、大洪拳、小洪拳等拳法；如一字步、十字手、十字腿、刚柔法（易筋经）、铜人散骨等功法；如打法、跌法、脱手法、拳腿避法、点穴法、虎爪手等招法。

　　本书专讲技击，汇集达摩派多种实战精粹。编者根据师承所学，结合达摩派古谱，推陈出新，整理出来，谨供同道参考，不到之处望请指正。

目 录

第一章 达摩派秘传点穴（36手）

第二章 达摩派洪拳秘技（36手）

第三章 达摩派百手绝招（127手）

第一章
达摩派
秘传点穴
（36手）

  达摩派非常推崇对人体穴位的攻击，招法简洁，效果甚佳。其技法主要有三种：蛇拳之剑指点穴，虎爪拳之爪法扣穴，鹤拳之掌法插穴。本章采其精招，共36手。

  关于点穴机理，金倜生《点穴法真传秘诀》"点穴概说"一节中有载：人之所恃以生者，唯气与血。气血调和，则生机蓬勃，欣欣向荣；气血失调，则死机潜伏，垂垂欲绝。其自然之运化，生老病死之所系，故可存而不论。至壮健之人，有时因外部之伤损，而致气血失调，亦足致病死。以点穴之法，而使人不能转动、声息者，即此类也。夫气之与血，为人生养命之源，循行全身，无时或息。而其经行之道，亦有一定之规程；经行之时，亦有一定之秩序，丝毫不爽。人身四脉、十二经、三百六十五穴，在一周时间，气血必经行一度。其经行则以十二时为准，某时气血之头属某经，而贯注于某穴，连带及于其他若干穴，亦有一定。吾人如能悟此，但依时辰而计其血头之所在，施其指点之术，指触是穴，其穴立闭。气血循行之道，因而阻塞；气血之头，亦必因之而停于是穴，不复能循行如旧。气血停滞，不能循行，则四体百脉在在（"在在"表强调，可理解为"处处"。）受其牵掣，驯至四肢萎疲，不能转动；哑口结舌，不能声息。非从对位之穴施以手法，使被闭之穴开启，决难复原。此其理亦颇明显，唯稍觉繁复耳。人身各穴，亦有大小、生死之分。大穴百有八，其中死穴三十有六，小穴二百五十七，主晕者七十有二。此外奇经各穴，或主哑，或主晕，或主萎顿，虽不足以致死，亦可以使暂时失其抵抗。知乎此，则点穴之术尽矣。

　　注：本书专述技击，只讲实战用法，达摩派相关单练拳法皆不详述，有机会另行出版。

达摩拂袖（点鸠尾）

【实战举例】

1. 敌方垫步进身，起左脚弹踢我方裆部。我方闪身坐步，两掌向下劈按敌方左脚，阻截敌方左腿攻击。（图1-1）

2. 敌方左脚踏落，又出右拳冲击我方脸部。我方左脚摆步，上起两掌向右拦截敌方右臂。（图1-2）

图1-1

图1-2

3. 动作不停，我方左掌贴住敌方右臂向下按压，右手剑指向下点击敌方胸前鸠尾穴。（图1-3）

⚹ 图1-3

达摩过檐（点章门）

【实战举例】

1. 敌方向前滑步进身，右拳冲击我方脸部。我方撤步蹲身，避过来拳。（图1-4）

2. 敌方又出右腿，横扫我方头部。我方再向下蹲，避过来腿。（图1-5）

3. 不待敌变，我方迅疾起身，上伸右掌顺劲向右拨开敌方右腿。（图1-6）

4. 赶紧反击，我方两脚进步，左手剑指向前点击敌方右肋章门穴。（图1-7）

❯ 图1-4

❯ 图1-5

❯ 图1-6

❯ 图1-7

菩提掸尘（点京门）

【实战举例】

1. 敌方左脚进步，右拳冲击我方脸部。我方撤身避过。（图1-8）

2. 敌方又出左拳，冲击我方脸部。我方仰身避过。（图1-9）

❰ 图1-8

❰ 图1-9

3. 动作不停，我方上起左掌向左拨开敌方左臂，左脚摆步，右手剑指向下点击敌方左肋京门穴。（图1-10）

⚑ 图1-10

渡江破浪（点膻中）

【实战举例】

1. 敌方左脚进步，左拳冲击我方脸部。我方向右闪过。（图1-11）

2. 敌方又出右腿，蹬击我方胸部。我方稍向后滑步，仰身避过。（图1-12）

3. 随即，我方上提左手向左抄抱敌方右腿，右脚上步，右手剑指向前点击敌方胸前膻中穴。（图1-13）

图1-11

图1-12　　　　　　　　　　　图1-13

罗汉叩门（点听宫）

【实战举例】

1. 敌方左脚进步，左拳崩击我方脸部。我方身体稍向后撤，上提左臂向右拦格敌方左臂。（图1-14）

2. 随即，我方左掌顺势向下旋压敌方左臂，右手蓄势待发。敌方两脚后退欲逃。（图1-15）

⊗ 图1-14

⊗ 图1-15

3. 动作不停，我方右脚上步，右手剑指向前点击敌方左耳听宫穴。（图1-16）

⊗ 图1-16

敲山震虎（点印堂）

【实战举例】

1. 敌方左脚进步，右拳冲击我方胸部。我方向左闪身，上提两掌向右拦格敌方右臂。（图1-17）

2. 随即，我方左手速变凤眼捶，顺势向前点击敌方前额印堂穴。（图1-18）

3. 动作不停，我方左臂屈肘下压敌方右臂之际，右手凤眼捶向前再点敌方印堂穴。（图1-19）

图1-17

图1-18

图1-19

丹凤朝阳（点太阳）

【实战举例】

1. 敌方左脚进步，右拳勾击我方下颌。我方撤身避过。（图1-20）

2. 敌方又出左拳，摆击我方头部。我方向右偏闪，速起左臂向右拦格敌方左臂。（图1-21）

图1-20

图1-21

3.动作不停，我方左臂顺势向左、向下旋压敌方左臂，两脚左旋，身向左转，右手凤眼捶向上点击敌方头部左侧太阳穴。（图1-22）

△ 图1-22

推窗亮格（点期门）

【实战举例】

1.敌方右脚进步，右拳冲击我方脸部。我方向后仰身，避过敌拳。（图1-23）

2.敌方又进左步，右肘拐击我方头部。我方两脚急撤，左掌推抓敌方右肘，挡住敌方肘击。（图1-24）

3.随即，我方急出右手凤眼捶，向前点击敌方左侧期门穴。（图1-25）

图1-23

图1-24

图1-25

寒山指月（点廉泉）

【实战举例】

1. 敌方左脚进步，右拳勾击我方下颌。我方仰身避过。（图1-26）

2. 随即，我方左脚前移，向前探身，右肘横击敌方左腮。敌方仰头躲过。（图1-27）

⊗ 图1-26

⊗ 图1-27

3. 动作不停，我方紧跟不舍，左手剑指向前上穿，戳击敌方颌下廉泉穴。（图1-28）

⌃ 图1-28

慧可问道（点腹结）

【实战举例】

1. 敌方右脚进步，右拳横扫我方头部。我方低头俯身，避过敌拳。（图1-29）

2. 随即，我方右脚前移，右手凤眼捶点击敌方右侧腹结穴。（图1-30）

3. 动作不停，我方左手剑指紧跟再出，连击敌方右侧腹结穴。（图1-31）

❯ 图1-29

❯ 图1-30

❯ 图1-31

摩诃藏经（点商曲）

【实战举例】

1. 敌方左脚进步，右拳冲击我方脸部。我方低头俯身，避过敌拳之际，右肘向前横拐敌方腹部。（图1-32）

2. 随即，我方向右旋身，左脚前移，右脚跟步，右手向上托抓敌方右腕，左手凤眼捶向上点击敌方右侧商曲穴。（图1-33）

❯ 图1-32

❯ 图1-33

3. 动作不停，我方右手剑指划弧前击，点打敌方左侧商曲穴。（图1-34）

⚠ 图1-34

十二

手捧金莲（点翳风）

【实战举例】

1. 敌方右脚进步，两手来抱我方头颈，或以扇掌向我方两耳夹击而来。我方撤身闪过。（图1-35）

2. 随即，我方左脚进步，两掌从敌方两臂之间向前上穿，用力拨开敌方两臂。（图1-36）

3. 动作不停，我方两掌顺势捧住敌方下颌，并向前猛推，两手中指用力锁扣敌方两耳根后侧翳风穴。（图1-37）

⊗ 图1-35

⊗ 图1-36　　　　　　　　　　⊗ 图1-37

十三

鸠摩摘叶（点天突）

【实战举例】

1. 敌方移步进身，右膝向我方腹部撞击而来。我方撤身闪过，右脚上抬，准备进击。（图1-38）

2. 随即，我方左掌向下按住敌方右膝，右脚进步，右手剑指向上点击敌方喉下天突穴。（图1-39）

❯ 图1-38

❯ 图1-39

3. 动作不停，我方左脚跟抬起，身向前倾，右手剑指抵住敌方天突穴抖劲前穿，致其重创。（图1-40）

⊗ 图1-40

罗汉伏虎（点大椎）

【实战举例】

1. 敌方右脚进步，右拳冲击我方胸部。我方偏身稍闪，上提右掌向前拦截敌方右拳，左臂向右旋格敌方右臂。（图1-41）

2. 随即，我方左臂贴住敌方右臂向下按压，左脚进步，右手前伸绕过敌方头部右侧按住其后脑。（图1-42）

3. 动作不停，我方右掌继续用力按压，乘敌方低头俯身之际，提起右膝向上顶击敌方胸部，左手凤眼捶向下点击敌方颈后大椎穴。（图1-43）

十四

图1-41

图1-42

图1-43

迦叶拂柳（点风府）

【实战举例】

1. 敌方右脚进步，右肘横扫我方头部。我方迅疾向后闪身避过，上起左掌拦托敌方右肘，卸化其力。（图1-44）

2. 敌方随之向左旋身，又出左肘捣向我方头部。我方头向后仰，用左掌拦推敌方左肘，阻截敌方攻击。（图1-45）

十五

❖ 图1-44

❖ 图1-45

3. 赶紧反击，我方急出右手凤眼捶，向前点击敌方颈后风府穴。（图1—46）

☆ 图1—46

推转轮回（点灵台）

【实战举例】

1. 敌方进身来打，上下合击，左拳冲击我方脸部，左膝顶向我方腹部。我方撤身闪步，上以右掌向左拦切敌方左臂，下以左掌向左拦砸敌方左膝。（图1—47）

2. 随即，我方左脚稍进，两掌贴住敌方臂腿同时向左、向前推，致使敌方身向右旋，身歪步乱，背向我方。（图1—48）

3. 动作不停，我方乘机左脚再进，右手凤眼捶向前点击敌方脊背灵台穴。（图1—49）

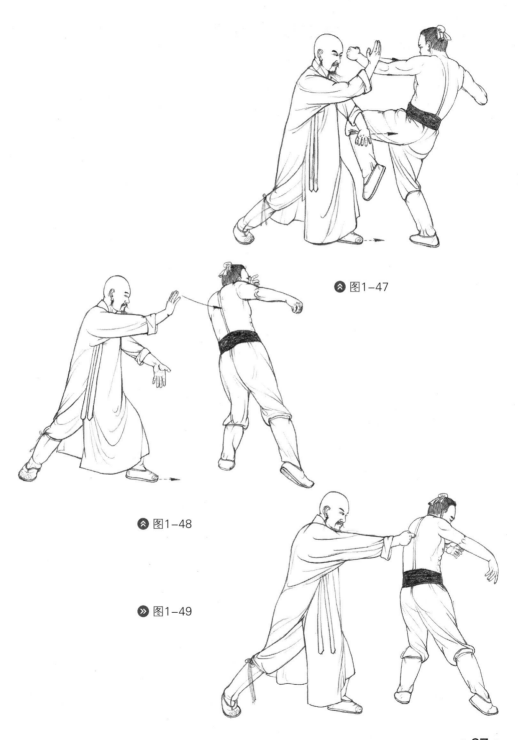

☆ 图1-47

☆ 图1-48

» 图1-49

十七 金乌寻巢（点极泉）

【实战举例】

1. 敌方左脚进步，左拳向我方下颌掏击而来。我方向后撤身闪过，左掌上提，拦护上门，有备无患。（图1-50）

2. 敌方向右旋身，又出右肘捣向我方头部。我方左肘用力向右拦挑敌方右肘，使其来劲走偏。（图1-51）

❯ 图1-50

❯ 图1-51

3. 动作不停，我方乘敌方右臂上扬之际，右手剑指向前点击敌方右腋极泉穴。（图1-52）

❯ 图1-52

神针定海（点会阴）

【实战举例】

十八

1. 敌方左脚向前进步，右拳冲击我方脸部。我方向右避身闪过，左臂屈肘向左拦挡敌方右臂；右臂也屈肘竖起提至面前，以助左臂之力，且暗护上门。（图1-53）

2. 敌方见我方防备森严，又出右腿向我方头部横扫而来。我方见敌方来势凶猛，右脚向右摆步，左脚略收，蹲身避过。（图1-54）

3. 赶紧反击，我方不待敌变，左脚前移，两腿跪步，右手剑指向前上穿，点击敌方裆下会阴穴。（图1-55）

图1-53

图1-54

图1-55

一苇渡江（点神阙）

【实战举例】

1. 敌方移步进身，右腿横踢我方左腰部。（图1-56）

2. 我方身向右闪之际，左手顺势捞抱敌方右小腿，紧紧抱挟不让敌逃，右脚垫步，上起左腿向右扫踢敌方左膝。（图1-57）

十九

❰ 图1-56

❰ 图1-57

3. 动作不停，我方乘敌方身歪步斜之际，左脚落步，速出右手剑指向前点击敌方腹部神阙穴。（图1-58）

图1-58

登堂入室（点命门）

【实战举例】

1. 我方临敌之际，敌方突然向右旋身。我方不知敌方出何招，两腿弓步，扎稳桩势，两掌提起，左掌在前，右掌在后，以防不测。（图1-59）

2. 敌方身向左转，起左腿向我方头部摆踢而来。我方已有防备，见敌方腿动，即提左脚拦踩敌方左腿，使其无法踢起。（图1-60）

3. 动作不停，我方左脚顺势落步，左手凤眼捶向下点击敌方腰椎命门穴。（图1-61）

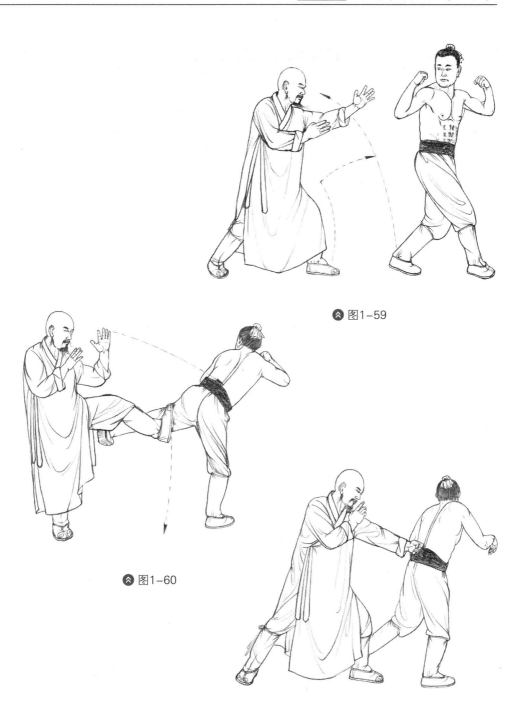

❨ 图1-59

❨ 图1-60

❨ 图1-61

达摩挑灯（点人迎）

【实战举例】

1. 敌方右脚进步，右拳崩击我方脸部。我方撤步避过，上起两掌拦切敌方腕臂，向里合力，其势如剪。（图1-62）

2. 随即，我方向左旋体，上提右脚向左扫踢敌方右膝，伤其关节。（图1-63）

⊗ 图1-62

⊗ 图1-63

3. 动作不停，我方右脚顺势落步，右手剑指向前点击敌方左颈人迎穴。（图1-64）

⊼ 图1-64

僧敲木鱼（点神庭）

【实战举例】

1. 敌方左脚进步，右拳冲击我方脸部。我方头略后仰，同时上提左脚向前迎击，拦蹬敌方下腹，反守为攻。（图1-65）

2. 随即，我方左脚落步，屈膝前弓，左臂按压敌方右臂，右手凤眼捶向前点击敌方头部神庭穴。（图1-66）

3. 动作不停，我方再出左手凤眼捶，向上点击敌方神庭穴。（图1-67）

图1-65

图1-66

图1-67

移形换位（点筋缩）

【实战举例】

1. 敌方右脚进步，左拳冲击我方脸部。我方右脚向右闪步，向右偏身，避过敌拳。（图1-68）

2. 随即，我方左脚先上，两脚绕步，向敌方左侧迂回。（图1-69）

⚠ 图1-68

» 图1-69

3. 动作不停，我方右脚上步进至敌方腿间，两腿弓步，身向左转，右手凤眼捶猛劲点击敌方筋缩穴。（图1-70）

⊗ 图1-70

二十四

魅影遁迹（点肾俞）

【实战举例】

1. 敌方右脚进步，右拳冲击我方脸部。我方左脚向左闪步，向左偏身，避过敌拳。（图1-71）

2. 随即，我方两脚从敌方右侧向其身后绕步，向右转体，两腿丁步屈蹲。（图1-72）

3. 动作不停，我方右脚上步，两腿弓步，两手凤眼捶向前点击敌方腰部肾俞穴。（图1-73）

图1-71

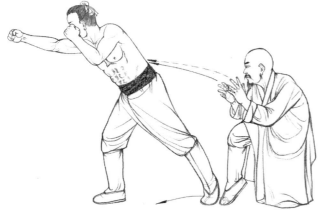

图1-72

图1-73

老僧撞钟（点中脘）

【实战举例】

1. 敌方右脚进步，右拳冲击我方脸部。我方向右偏身闪过，上起左臂向左拦格敌方右臂。（图1-74）

2. 随即，我方右脚前移，左手凤眼捶顺势向下点击敌方腹部中脘穴。（图1-75）

⊗ 图1-74

⊗ 图1-75

3. 动作不停，我方右手凤眼捶紧跟再出，向前连续点击敌方腹部中脘穴。（图1-76）

❖ 图1-76

开弓打弹（点巨阙）

【实战举例】

1. 敌方右脚进步，右拳冲击我方脸部。我方向左避身闪过，向后坐步，上挑右手向右拦格敌方右臂。（图1-77）

2. 随即，我方右臂顺势向右拨压敌方右臂，左脚上步后拦敌方右腿，两腿坐马，左手凤眼捶向前点击敌方腹部巨阙穴。（图1-78）

3. 动作不停，我方右手凤眼捶紧跟再出，连点敌方腹部巨阙穴。（图1-79）

⊗ 图1-77

⊗ 图1-78

⊗ 图1-79

拽缰勒马（点脑户）

【实战举例】

1. 敌方滑步进身，左拳崩击我方胸部。我方向后撤身坐步，沉身坐胯，上起左掌向左拦格敌方左臂。（图1-80）

2. 随即，我方左掌顺势抓住敌方左腕向左后方带，右脚上步，右臂屈肘兜住敌方左肘向上提挎。敌方后撤左臂，急欲逃脱。（图1-81）

⊗ 图1-80

⊗ 图1-81

3. 我方见敌方欲逃，上起右肘向左盘压敌方左肘，伤其关节。（图1-82）

4. 最后，我方乘敌方臂伤失力之际，右手凤眼捶向前翻出，点击敌方头部脑户穴，致其完败。（图1-83）

图1-82

图1-83

激流暗礁（点气海）

【实战举例】

1. 敌方移步进身，向左旋体，起右腿扫踢我方左腰部。我方身向左转，提起左膝向左摆击敌方右小腿，以硬对硬，将其拦截。（图1-84）

2. 随即，我方左脚向前落步，向左旋体，起右膝提撞敌方右小腿内侧。（图1-85）

⊗ 图1-84

⊗ 图1-85

3. 动作不停，我方右脚向前落步，右手凤眼捶向前点击敌方下腹部气海穴。（图1-86）

▲ 图1-86

拨云见日（点风池）

【实战举例】

1. 敌方右脚进步，右拳冲击我方胸部。我方见敌势猛，向左偏身，闪步避过，上起右掌向右拦格敌方右腕。（图1-87）

2. 随即，我方右掌用力向右拨开敌方右臂，右脚上步进于敌方右侧，左手剑指向上点击敌方脑后风池穴。（图1-88）

3. 动作不停，我方右手凤眼捶紧跟再出，猛劲点击敌方右侧风池穴。（图1-89）

图1-87

图1-88

图1-89

三十 披荆斩棘（点辄筋）

【实战举例】

1. 敌方上步进身，提起左膝撞击我方腹部。我方撤步避过，左掌向左拦拨敌方左膝。（图1-90）

2. 随即，我方身向左转，右脚向前扫踢敌方右膝，致其身歪欲倒，手忙脚乱。（图1-91）

❀ 图1-90

❀ 图1-91

3. 动作不停，我方右脚顺势向下落步，右手剑指乘机向前点击敌方胸部左侧辄筋穴。（图1-92）

⊗ 图1-92

阿难脱靴（点膺窗）

【实战举例】

1. 敌方上步进身，左腿侧弹我方右肋。我方向右旋身避过。（图1-93）

2. 随即，我方右臂屈肘兜住敌方左脚跟（或小腿）向里夹紧，左肘猛劲向下砸击敌方左膝（或大腿）。（图1-94）

3. 动作不停，我方右肘兜夹敌方左腿不让其逃，左手凤眼捶向前点击敌方左侧胸部膺窗穴。（图1-95）

图1-93

图1-94

图1-95

乌龙摆尾（点玉枕）

【实战举例】

1. 敌方垫步进身，左腿踹击我方右腿。我方右腿赶紧向后盖步，避过敌腿之际，右拳向下砸击敌方左小腿。（图1-96）

2. 随即，我方向左转身约半周，左手凤眼捶随之向左斜向上挥出，点击敌方脑后玉枕穴。（图1-97）

三十二

⊗ 图1-96

⊗ 图1-97

3. 动作不停，我方旋身跪步，右手凤眼捶紧跟再出，点击敌方玉枕穴。（图1-98）

⊗ 图1-98

翻花连捶（点水沟）

【实战举例】

1. 敌方右脚进步，右拳冲击我方脸部。我方撤步吞身，上起左掌向左拦格敌方右臂。（图1-99）

2. 随即，我方右脚上步，右手凤眼捶点击敌方鼻下水沟穴。（图1-100）

3. 动作不停，我方左手凤眼捶紧跟再出，点击敌方水沟穴。（图1-101）

⊗ 图1-99

⊗ 图1-100

⊗ 图1-101

拔草寻蛇（点长强）

【实战举例】

1. 敌方插步进身，起左腿蹬击我方头部。我方沉身坐步，避过敌腿。（图1-102）

2. 随即，我方左脚上步，右脚外摆，上起两掌向左拨压敌方左腿，致其向左下落。（图1-103）

⊗ 图1-102

⊗ 图1-103

3. 动作不停，我方右脚上步，右手凤眼捶乘机向前点击敌方尾椎长强穴。（图1-104）

⊘ 图1-104

达摩插剑（点日月）

三十五

【实战举例】

1. 敌方右脚进步，右拳冲击我方头部。我方低头俯身，避过敌方拳击。（图1-105）

2. 随即，我方右手剑指向前点击敌方右肋日月穴。（图1-106）

3. 动作不停，我方右臂上架拦格敌方右前臂，左手剑指再度点击敌方日月穴。（图1-107）

⊗ 图1-105

⊗ 图1-106

⊗ 图1-107

达摩敬香（点天池）

【实战举例】

1. 敌方右脚进步，左肘向前挑击我方下颌。我方赶紧撤步，避过敌方肘击。（图1-108）

2. 随即，我方左脚前移，右手剑指点击敌方左胸天池穴。（图1-109）

图1-108

图1-109

3. 动作不停，我方左手剑指紧跟，再点敌方右胸天池穴。（图1–110）

❰ 图1–110

第二章
达摩派洪拳秘技（36手）

　　洪拳是达摩派的入门基础，易学易练，招法精简，技术实用。其总诀曰：达摩洪拳招势强，上打咽喉下打裆。若遇恶徒必除暴，出手见红来安良。本章招法，即采自达摩洪拳，共36手。

　　汤吉人《大洪拳》"大小洪拳"一节开头载曰："洪拳系活法之一种，有大洪拳、小洪拳之别，时时练习，举动灵敏，应变无穷。昔宋太祖专学此法，名传至今，为醉心国技者必学之法。"

　　达摩洪拳有小洪拳与大洪拳两种，大致根据其架势的大小以及发劲的长短而分。

　　小洪拳练法简单，动作较小，架势紧凑，多用横力短劲；实战时擅长以肘膝短促突击，讲究先防后攻，后发先至。其歌诀曰：达摩秘传小洪拳，紧凑小巧练短打。未学技击先学防，封闭拦截闪躲法。

大洪拳架势较大，动作舒展，注重发劲；实战时擅长使用腿法，冲击扑进，力大势猛，攻击性强。其歌诀曰：太祖洪拳打天下，双手接印无人拿。绕手藏身显龙爪，反身停翼敌难逃。连环飞腿望北进，凤凰散翼打四门。双手连环扫堂腿，乌风扫地山神呆。一对金枪点咽喉，避刀飞腿打强手。

夫技击者，习手足，便器械，积机关，以立攻守之胜者也，自卫，卫国。希望每个练习者都学有所成，一旦临敌，即可出手来防身自卫，克敌制胜。

猿猴缩身

【实战举例】

1. 敌方右脚进步，从我方左侧以右拳向我方头部冲来。（图2-1）

2. 我方两脚向右跳步（先跳右脚，左脚随之），身向下缩，即可闪过。左脚跟抬起，脚尖点地，前虚后实，蓄势待发。（图2-2）

△ 图2-1

△ 图2-2

动步闪身

【实战举例】

1. 敌方右脚进步，两掌齐向我方胸部推来。（图2-3）

2. 我方左脚向后撤步，身向左转，右脚顺势右摆，即可使敌招落空。（图2-4）

⚡ 图2-3

⚡ 图2-4

撤步夹马

【实战举例】

1. 敌方进身，右脚向我方裆部或左腿弹踢而来。（图2-5）

2. 我方左脚撤步，身向左转，两膝内夹，即可闪过来招，且可遮裆蔽阴，以防敌方连踢下门。（图2-6）

⊗ 图2-5

⊗ 图2-6

四

武松上铐

【实战举例】

1. 敌方进身，右脚向我方裆部弹踢而来。（图2-7）

2. 我方左脚稍摆闪开，两掌交叉下拦敌方右脚。（图 2-8）

⊗ 图2-7

⊗ 图2-8

闪身踩踏

【实战举例】

1. 敌方右脚进步，右拳向我方头部冲来。（图2-9）

2. 我方向右蹲身，顺势提起左脚向左踩踏敌方右脚，伤其脚背或脚腕，使其疼痛失力。（图2-10）

五

图2-9

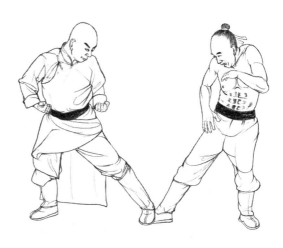
图2-10

撤步踩搓

【实战举例】

1. 敌方右脚进步，右拳向我方头部冲来。（图2-11）

2. 我方左脚撤步，左腿下蹲，向左转身闪过。敌方右脚前移，意欲连击。我方速起右脚，向右踩搓敌方右脚。（图2-12）

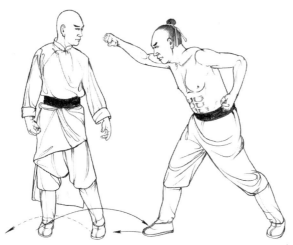

☆ 图2-11

☆ 图2-12

小龙开路

【实战举例】

1. 敌方右脚进步，右拳向我方头部摆击而来。我方向后撤步，避开来拳。（图2-13）

2. 我方顺势向左转身，两手按地，右脚右蹬敌方右膝，致其腿伤。（图2-14）

七

⇪ 图2-13

⇪ 图2-14

铁掌劈城

【实战举例】

1. 敌方右脚进步，右拳向我方胸部冲来。（图2-15）

2. 我方提起左掌向左拨开敌方右臂，左脚进步，右掌向前劈击敌方胸部。（图2-16）

❖ 图2-15

❖ 图2-16

磨掌穿心

【实战举例】

1. 敌我对峙。（图2-17）

2. 我方抢攻，左脚进步，右拳前冲敌方胸部。敌方上提两手抓接我方右腕。（图2-18）

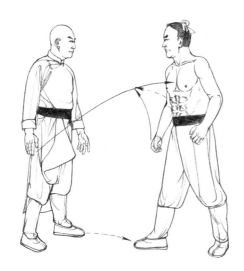

图2-17

图2-18

3. 我方左脚前移，左掌前插敌方心窝，致其受创。
（图2-19）

❀ 图2-19

将军敬帅

【实战举例】

1. 敌方右脚进步，右手抓住我方前胸衣襟。（图2-20）

2. 我方左手上抓敌方右手不让其发力，右脚进步，身向左转，右手握成扁拳捅击敌方胸部。（图2-21）

图2-20

图2-21

金钟偷酒

【实战举例】

1. 敌方右脚进步，右拳向我方头部崩击而来。（图2-22）

2. 我方向右闪身，左脚进步，上以右手虎口去卡敌方嘴部，下以左手去抓敌方裆部。（图2-23）

3. 动作不停，我方左手一旦抓住敌方裆部，则以右手下按自己左腕，以此助力致其裆部受创。（图2-24）

◈ 图2-22

◈ 图2-23

◈ 图2-24

宋将接印

【实战举例】

1. 敌方左脚进步，左拳向我方胸部冲来。（图2-25）

2. 我方左掌向左拨开敌方左臂，右脚进步，右掌上撩敌方左耳根部。（图2-26）

⊗ 图2-25

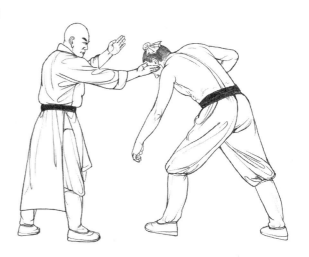

⊗ 图2-26

抓阴插心

【实战举例】

1. 敌我对峙，敌方举起两手准备向我方扑来。（图2-27）

2. 我方后发先至，右脚先跳一步，左脚前进踏入敌方裆下，左手前伸抓拉敌方裆部，同时右掌前插敌方心窝。（图2-28）

⬆ 图2-27

⬆ 图2-28

勾手啄击

【实战举例】

1. 敌方右脚进步，右拳向我方头部摆击。（图2-29）

2. 我方右脚向前上步，提起右掌保护左翼，左手五指撮拢，以勾尖下啄敌方眼睛。（图2-30）

十四

⊙ 图2-29

⊙ 图2-30

金鸡散翼

【实战举例】

1. 敌方右脚进步，两掌齐向我方胸部推来。（图2-31）

2. 我方左脚向后撤步，身向左转，右臂向左划弧下压敌方两臂。（图2-32）

◈ 图2-31

◈ 图2-32

3. 动作不停，我方右掌顺势向左劈击敌方左颈。（图2-33）

4. 如敌方后退躲过，我方则以右掌跟踪追击，指尖发力，撩击敌方咽喉。（图2-34）

❮ 图2-33

❮ 图2-34

连环套索

【实战举例】

1. 敌方右脚进步，两掌齐向我方胸部推来。我方向右偏身闪过。（图2-35）

2. 动作不停，我方向左转身，左脚摆步，两手捉拿敌方两掌。（图2-36）

◈ 图2-35

◈ 图2-36

3. 我方两手分别向外用力扭转，即可伤其指腕。（图2-37）

❯ 图2-37

白猿献果

【实战举例】

1. 敌方右脚进步，两拳齐向我方腹部冲来。我方收腹闪过。（图2-38）

2. 赶紧反击，我方左脚进步，两掌前推敌方下颌。敌方仰头避过。（图2-39）

3. 动作不停，我方顺势上托敌方下颌，沾身发劲，致其后倒。（图2-40）

十七

○ 79 ○

⊗ 图2-38

⊗ 图2-39

⊗ 图2-40

转身捣心

【实战举例】

1. 敌方从我方身后以两手抓按我方两肩，准备摔跌。（图2-41）

2. 我方赶紧向右转身，右脚摆步进至敌方裆下，右肘向右后猛劲捣击敌方心窝，左手按住右拳推劲助力。（图2-42）

十八

⚠ 图2-41

⚠ 图2-42

拐捣连肘

【实战举例】

1. 敌方右脚进步，两手齐出欲抱我方脖颈。（图2-43）

2. 我方向左转身，右肘拐击敌方胸部，迫其收手。（图2-44）

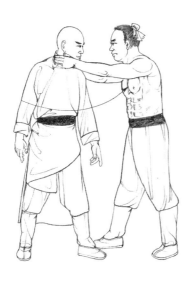

图2-43

图2-44

3. 动作不停，我方右脚上步进至敌方裆下，右肘顺势前捣，再击敌方胸部，致其重创。（图2-45）

⟰ 图2-45

甩劲砸拳

【实战举例】

1. 敌方右脚进步，右拳向我方头部摆击。我方赶紧退步，右掌上提保护左翼。（图2-46）

2. 动作不停，我方左脚进步，右掌变拳顺势甩劲前砸，伤其鼻子。（图2-47）

❯ 图2-46

❯ 图2-47

和尚托钵

【实战举例】

1. 敌方右脚进步，两拳齐向我方头部夹击而来。我方撤步闪过。（图2-48）

2. 赶紧反击，我方左脚进步，速发右拳勾击敌方下颌。（图2-49）

❤ 图2-48

❤ 图2-49

犀牛献角

【实战举例】

1. 敌方右脚进步，两拳齐向我方腹部崩击而来。我方赶紧吞身闪过。（图2-50）

2. 我方右脚随即进步，两掌交叉压住敌方两臂（右掌在上），使其拳落，迫其后退。（图2-51）

图2-50

图2-51

3. 动作不停，我方两掌变拳，右拳砸其面门，左拳砸其咽喉。（图2-52）

⊗ 图2-52

双抓提膝

【实战举例】

1. 敌我对峙。（图2-53）

2. 我方抢攻，先提左脚佯攻敌方下盘，随即向前落步，两手前伸抓按敌方两肩。（图2-54）

3. 我方两手向下拉拽，右膝提起撞入敌方心窝。（图2-55）

⊗ 图2-54

⊗ 图2-55

勾拦切肚

【实战举例】

1. 敌方右脚进步，右拳向我方头部冲来。（图2-56）

2. 我方身稍左闪，右脚顺势向左勾拦敌方右腿，右掌向右猛切敌方右腹，使其受创歪倒。（图2-57）

二十四

⊗ 图2-56

⊗ 图2-57

托梁换柱

【实战举例】

1. 敌方右脚进步，右拳向我方头部摆击而来。（图2–58）

2. 我方赶紧下蹲，左脚勾住敌方右脚，左手顺势捞抓其右小腿。（图2–59）

❭ 图2–58

❭ 图2–59

3. 动作不停，我方左手用力向右向上抄起，致敌方后倒。（图2-60）

⚠ 图2-60

推窗望月

二十六

【实战举例】

1. 敌方右脚进步，右手抓住我方胸部衣襟。（图2-61）

2. 我方上提右手扒开敌方右手，左臂从左向右绕过敌方右臂向下猛压，顺势伸出左脚勾住敌方右脚跟。（图2-62）

3. 动作不停，我方身向左转，两脚摆扣，右掌前推敌方脸部，使其向后歪倒。（图2-63）

⊗ 图2-61

⊗ 图2-62

⊗ 图2-63

撩拨弹踢

【实战举例】

1. 敌我对峙。（图2-64）

2. 我方左脚进步，两掌撩击敌方咽喉。敌方上提两手抓按我方两腕。（图2-65）

图2-64

图2-65

3. 我方两掌外旋，拨开敌方两手，速出右脚弹踢敌方裆部。（图2-66）

⊙ 图2-66

二十八

诱手正蹬

【实战举例】

1. 我方抢攻，两手上仰，佯攻敌方头部，诱其两手向上防护。（图2-67）

2. 动作不停，待敌方上钩之际，我方急用左脚蹬击敌方心窝，致其受创。（图2-68）

图2-67

图2-68

勾挂横扫

【实战举例】

1. 敌方左脚进步，左拳向我方胸部崩击而来。我方撤步闪身，右手上提保护左翼。（图2-69）

2. 不待敌变，我方右掌向左猛推敌方左臂，右脚向左用力勾挂，将其左腿踢起，致其身歪欲倒。（图2-70）

❯ 图2-69

❯ 图2-70

3. 动作不停，我方右脚落地，左脚垫步，随即再起右脚，猛扫敌方腰脊，致其受创前仆。（图2-71）

⊗ 图2-71

镖裆连珠

【实战举例】

1. 敌方右脚进步，右拳冲向我方头部。我方撤步，偏身闪过。（图2-72）

2. 赶紧反击，我方速起右脚弹踢敌方裆部。敌方右脚退步，仰身躲过。（图2-73）

3. 跟踪追击，我方右脚落地，再起左脚弹踢敌方裆部。弹踢连珠，如箭似镖；敌方不伤，我方不停。（图2-74）

三十

图2-72

图2-73

图2-74

大龙摆尾

【实战举例】

1. 敌方右脚进步，右拳向我方腹部栽打而来。我方赶紧吞身收腹。（图2-75）

2. 动作不停，我方左脚向左摆步，右脚向上勾踢，伤其右腕。（图2-76）

⏫ 图2-75

⏫ 图2-76

3. 连击不停，我方右脚向左落步，向左翻身，以左脚反撩敌方腹部。（图2-77）

⊗ 图2-77

合掌插穴

【实战举例】

1. 临敌之际，敌方右脚进步，举起右拳，正向我方击来。（图2-78）

2. 我方赶紧抢攻，左脚进步，身体前倾，两手合掌点插敌方腹部脐侧天枢穴。（图2-79）

图2-78

图2-79

乌风进洞

【实战举例】

1. 临敌之际，敌方左脚进步，右拳后摆，准备向我方击来。（图2-80）

2. 我方后发先至，两脚快速前滑，右拳向敌方脸部抢砸而去。敌方被迫左脚退步，上提两拳拦截。（图2-81）

◈ 图2-80

◈ 图2-81

3. 动作不停，我方顺势逼近，向右转身，以左掌斜插敌方耳洞。（图2-82）

⚠ 图2-82

鹰爪捉鸟

三十四

【实战举例】

1. 左右两敌从我方两侧齐向我方头部冲拳击来。（图2-83）

2. 我方赶紧向下沉身，两脚分开蹲成低马，避开来拳之际，两手顺势出击，抓握两敌裆部。（图2-84）

图2-83

图2-84

童子分队

【实战举例】

1. 前有两敌向我方扑来。（图2-85）

2. 我方右脚进步，两掌前插两敌中间。（图2-86）

❯ 图2-85

❯ 图2-86

3. 我方两掌用力分开两敌，左脚再上，右脚急向前走，赶紧跑开。（图2-87）

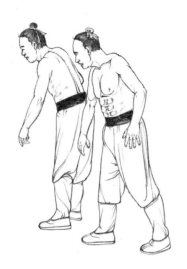

⊗ 图2-87

弹踢连环

【实战举例】

1. 敌方右手握小刀向我方砍来，其刀刃向上。（图2-88）

2. 我方赶紧后闪，飞起右脚弹踢敌方右前臂，致其手疼刀飞。（图2-89）

3. 动作不停，我方右脚落地，再起左脚，猛劲弹踢敌方腹部，致其重创。（图2-90）

图2-88

图2-89

图2-90

第三章
达摩派
百手绝招
（127手）

　　达摩派因其传承历史的悠久，其技法发生了很大变化，产生了很多支流，可谓争奇斗艳，不胜枚举。

　　鉴于篇幅，今不论其他流派，仅就编者所熟知常练的"汤势达摩派"（指由汤显传承的此派武术）而言，其种类即有一二十种，如龙法（外家龙拳）、虎法（内家虎拳）、豹法（硬功豹拳）、蛇法（软功蛇拳）、鹤法（内家鹤拳）、活法猴拳、活法黄龙拳、五虎落四川岳家拳、大洪拳、小洪拳等拳法，如一字步、十字手、十字腿、刚柔法（易筋经）、铜人散骨等功法，如打法、跌法、脱手法、拳腿避法、点穴法、虎爪手等招法。

　　达摩派诸拳，虽内容丰富，但过于繁杂，需要专业老师教学，且要长时练习，方成全功。编者鉴此，采其技击要招，取精用弘，整理出127手，即成本章。

本章招法丰富，既有拳打，又有脚踢，且有拳脚连环；既有长短结合，又有擒拿摔跌，还有擒打之法，全面展现了达摩派技击术的攻防技巧。临敌时，既可主动攻击，抢机急进，快速杀伤；也可防守反击，格挡拦截，顺势出手；且可与劲敌周旋，闪步游身，乘机击之。练习者招法熟练后，能够灵活运用，随机应变，方能稳操胜券。

偷击天鼓

【实战举例】

1. 敌方左脚进步，向我方扑来。我方向右偏身，左拳反背击打敌方左耳。敌方向右闪过。（图3-1）

2. 动作不停，我方右脚上步，身向左转，右拳冲击敌方后脑。（图3-2）

 图3-1

图3-2

砸劲勾挂

【实战举例】

1. 敌方进身，左脚撩踢我方裆部。我方撤步吞身，右拳下砸敌方左脚腕部。（图3-3）

2. 动作不停，我方右脚乘机向前勾挂敌方右小腿部，将其踢躺在地。（图3-4）

❰ 图3-3

❰ 图3-4

放腿破肚

【实战举例】

1. 我方右拳佯攻，向上虚晃，诱敌格挡；右脚向敌方裆部撩起。敌方吞身避让。（图3-5）

2. 动作不停，我方右脚不收，顺势前伸，再蹬敌方小腹，震劲发力，将敌击出。（图3-6）

❖ 图3-5

❖ 图3-6

铁腿偷裆

【实战举例】

1. 敌方进身，左腿踹击我方头部。我方向右跨步，潜身避过。（图3-7）

2. 动作不停，我方身向左转，右脚从敌方身后撩踢敌方裆部。（图3-8）

⊗ 图3-7

⊗ 图3-8

黑虎掏心

【实战举例】

1. 我方左脚进步，左拳冲击敌方头部。敌方右臂上抬，架住我方左腕。（图3-9）

2. 动作不停，我方左脚前滑，右拳前勾敌方心窝，将其重创。（图3-10）

▲ 图3-9

▲ 图3-10

束身插胸

【实战举例】

1. 敌方右脚进步，右拳冲击我方头部。我方左脚后收，吞身下潜，避其锋芒。（图3-11）

2. 动作不停，我方迅疾起身，左脚进步，右掌插击敌方胸部，左掌护于胸前。（图3-12）

⚑ 图3-11

⚑ 图3-12

开门见客

【实战举例】

1. 敌方使用右腿，蹬踢我方腹部。我方侧身闪开，乘机用两手接住敌方右腿。（图3-13）

2. 动作不停，我方左脚撤步，身向右转，两手紧抓敌方右腿向右猛力牵引，致其前栽仆地。（图3-14）

七

❖ 图3-13

❖ 图3-14

搬枝送归

【实战举例】

1. 敌方使用左腿，踹击我方腹部。我方偏身避过，两手接住敌方左腿，左脚顺势绊住敌方右腿。（图3-15）

2. 动作不停，我方左脚向外扫挂敌方右腿，两手托起敌方左腿猛劲抛送，致其后翻倒地。（图3-16）

❯ 图3-15

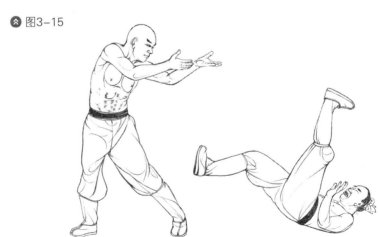

❯ 图3-16

巧卸鹿蹄

【实战举例】

1. 敌方进身，右脚蹬踢我方裆部。我方撤步吞身，左手向左勾挂敌方右小腿，使其来招落空。（图3-17）

2. 动作不停，我方右手乘机抓住敌方右脚前脚掌，左手顺势旋腕抓住敌方右脚跟，两手合力旋拧，扭伤敌方右脚关节，致其仆地被擒。（图3-18）

图3-17

图3-18

铁腿断树

【实战举例】

1. 敌方进身，右腿高起，向我方脸部蹬来。我方迅速撤身闪避，左手向上格挡敌方右脚。（图3-19）

2. 动作不停，我方速起右脚，向前踩踏敌方左膝，致其腿伤歪倒。（图3-20）

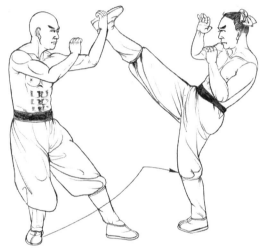

图3-19

图3-20

背后蹬鬼

【实战举例】

1. 敌方垫步，左腿踹击我方头部。我方仰身闪过，两拳提起，封闭上盘。（图3-21）

2. 动作不停，我方速起右脚，蹬击敌方尾骨，致其受创前栽。（图3-22）

图3-21

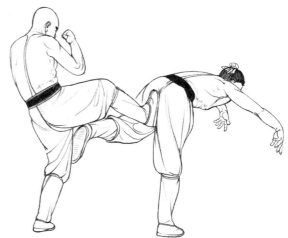
图3-22

抓腕挎肘

【实战举例】

1. 敌方右脚进步，右拳冲击我方头部。我方右手屈臂上提，格挡敌方右臂。（图3-23）

2. 动作不停，我方右手顺势旋抓敌方右腕，左臂屈肘提挎敌方右肘，左脚上步绊住敌方右腿，合力将其擒拿。（图3-24）

⊗ 图3-23

⊗ 图3-24

接腿插裆

【实战举例】

1. 敌方使用右腿，蹬踢我方腹部。我方侧身闪开，乘机用两手接住敌方右腿。（图3-25）

2. 动作不停，我方左脚进步，左掌绕过敌方右膝，插击敌方裆部，致其重创。（图3-26）

十三

⊗ 图3-25

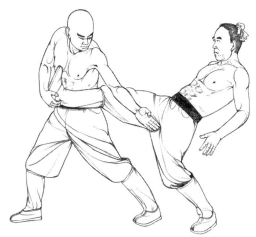

⊗ 图3-26

接腿铲膝

【实战举例】

1. 敌方进身，右脚蹬击我方腹部。我方扭身跪步，右臂屈肘兜挎敌方右小腿。（图3-27）

2. 动作不停，我方右手顺势抓住敌方右脚，左臂夹抱敌方右腿助劲，速起左脚铲击敌方左膝，折其关节。（图3-28）

⊗ 图3-27

⊗ 图3-28

勾疼腕臂

【实战举例】

1. 敌方右脚进步，右拳冲击我方头部。我方撤步偏身，右拳上提勾击敌方右腕，致其疼痛失力。（图3-29）

2. 动作不停，我方向右旋身，再提左拳向上勾击敌方右前臂，致其剧痛难忍。（图3-30）

十五

⚠ 图3-29

⚠ 图3-30

十六

顺势踩膝

【实战举例】

1. 敌方进身，右脚向我方左脚跟勾踢而来。我方左脚提起，避过来招。（图3-31）

2. 动作不停，我方不待敌方右脚收回，身向右转，左脚顺势猛踩敌方右膝，致其腿伤歪倒。（图3-32）

⌃ 图3-31

⌃ 图3-32

蹬踹连环

十七

【实战举例】

1. 我方抢攻，左手向上一晃，右脚乘机蹬踢敌方心窝。（图3–33）

2. 动作不停，我方右脚下落，向右旋身，再出左腿踹击敌方胸部。（图3–34）

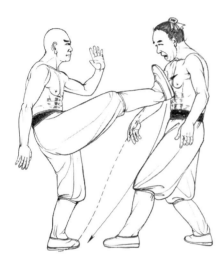

图3–33

图3–34

铁拳摆劲

【实战举例】

1. 敌方进身，右脚蹬击我方头部。我方撤步稍闪，左拳上提，左臂屈肘，格挡敌方右脚。（图3-35）

2. 动作不停，我方向左旋身，右拳猛劲摆击敌方右大腿，致其剧痛失力。（图3-36）

图3-35

图3-36

箍锁撞压

【实战举例】

1. 我方见机，进身抢攻，双手箍住敌方脖颈，右膝顶撞敌方腹部。（图3-37）

2. 动作不停，我方两手锁住敌方咽喉，向前推压致其后倒，右膝压住敌方裆部，将其制伏。（图3-38）

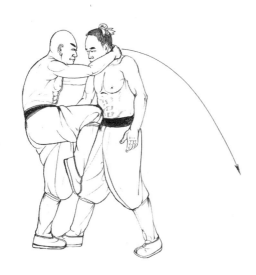

❯ 图3-37

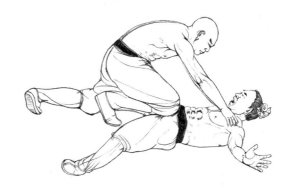

❯ 图3-38

两膝相撞

【实战举例】

1. 敌方进身，右腿提膝向我方腹部撞来。我方不退，提起左膝迎击，顶撞敌方右膝。（图3-39）

2. 动作不停，我方左脚落地，速起右膝，前撞敌方裆部。（图3-40）

❀ 图3-39

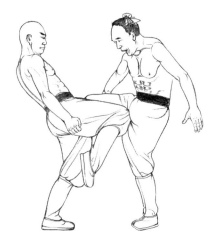

❀ 图3-40

崩拳穿肋

【实战举例】

1. 敌方右脚进步，右拳冲击我方胸部。我方偏身闪过，避过敌拳。（图3-41）

2. 动作不停，我方顺势向左转身，右拳抖劲崩击敌方右肋。（图3-42）

图3-41

图3-42

乘风驱浪

【实战举例】

1. 敌方进身，右脚弹踢我方腹部。我方向下吞身，右臂下插，拦挡敌方右脚。（图3-43）

2. 动作不停，我方向右转身，左脚蹬击敌方左膝，伤其关节。（图3-44）

❱ 图3-43

❱ 图3-44

金拳通喉

【实战举例】

1. 敌方右脚进步，双拳齐出，栽击我方腹部。我方闪身避过。敌方两拳打空，身向前仆。（图3-45）

2. 动作不停，我方乘机向左转身，右拳冲击敌方咽喉。（图3-46）

图3-45

图3-46

锁臂擒拿

【实战举例】

1. 敌方左脚进步，左拳崩击我方胸部。我方双掌交叉，托住敌方左臂。（图3-47）

2. 动作不停，我方左掌抓拧敌方左臂，向左旋身，右脚上步向右绊住敌方左腿，右肘盘压敌方左臂，将其擒拿。（图3-48）

图3-47

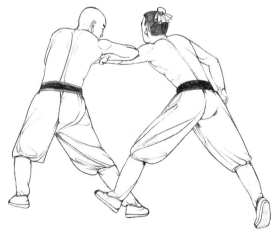

图3-48

削喉勾腿

【实战举例】

1. 敌方左脚进步，左拳崩击我方头部。我方向后吞身，左掌上挑敌方左臂。（图3-49）

2. 动作不停，我方右掌前伸，削击敌方咽喉，右脚向左勾踢敌方左小腿，将其撂倒在地。（图3-50）

二十五

图3-49

图3-50

擒手挤靠

【实战举例】

1. 我方右脚进步，右拳崩击敌方头部。敌方吞身坐胯，左手向里扒按我方右肘。（图3-51）

2. 动作不停，我方右脚撤步，两手顺势抓住敌方左腕一起向右下拧拽；随即左脚上步绊住敌方左腿，左膀向右挤靠敌方左肩，致其失势歪倒。（图3-52）

⊗ 图3-51

⊗ 图3-52

勾拦崩首

【实战举例】

1. 敌方右脚进步，右拳崩击我方头部。我方偏身坐步，右手勾腕拦截敌方右臂，左掌助力右推。（图3-53）

2. 动作不停，我方右脚前滑，左掌下压敌方右臂，右勾变拳，抖劲前崩，击打敌方头部。（图3-54）

❖ 图3-53

❖ 图3-54

崩拳开门

【实战举例】

1. 我方左脚进步，左拳崩击敌方胸部。敌方双臂竖起，封拦我方崩拳。（图3-55）

2. 动作不停，我方两脚滑步，右拳紧跟，再崩敌方咽喉。（图3-56）

❯ 图3-55

❯ 图3-56

追风直取

【实战举例】

1. 我方左脚进步，向右旋身，左拳摆击敌方头部。敌方急忙偏身避过。（图3-57）

2. 动作不停，我方左脚前滑，向左转身，右拳放长击远，冲打敌方脸门。（图3-58）

⊗ 图3-57

⊗ 图3-58

二起弹踢

【实战举例】

1. 我方左脚前弹，向敌方右膝关节踢去。敌方缩身弯腰，收腿避过。（图3-59）

2. 动作不停，我方右脚借左脚下落之势，向前飞踢而去，以脚尖弹击敌方心口或下巴。（图3-60）

❯ 图3-59

❯ 图3-60

崩劲紧跟

【实战举例】

1. 我方抢攻，左脚进步，右拳崩击敌方胸部。敌方仰身避过。（图3-61）

2. 动作不停，我方右脚跟步，再出左拳崩击敌方咽喉。（图3-62）

⊗ 图3-61

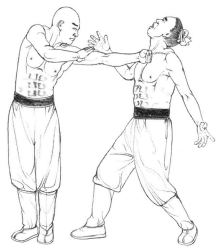

⊗ 图3-62

跪步偷裆

【实战举例】

1. 我方左脚进步，左拳冲击敌方头部。敌方急忙退身，两掌前推拦截我方左拳。（图3-63）

2. 动作不停，我方左脚前滑，右腿跪步，右拳顺势下栽，崩击敌方裆部。（图3-64）

◈ 图3-63

◈ 图3-64

右缩左袭

【实战举例】

1. 敌方右脚进步，右拳崩击我方头部。我方缩身避过，左掌拍拦敌方右腕。（图3-65）

2. 动作不停，我方左脚进步，左掌变拳，向前抖劲崩击敌方右腮。（图3-66）

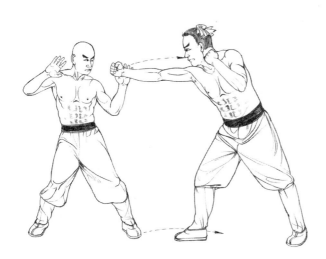

❯ 图3-65

❯ 图3-66

三十四

闪身冲拳

【实战举例】

1. 敌方右脚进步，右拳摆击我方头部。我方偏身避过。（图3-67）

2. 动作不停，我方向左转身，右拳顺势冲出，击打敌方咽喉。（图3-68）

⊗ 图3-67

⊗ 图3-68

兜腿掀跌

【实战举例】

1. 我方左脚进步，左拳摆击敌方头部。敌方退步闪过，右臂屈肘上提格挡我方左臂。（图3-69）

2. 动作不停，我方右手下伸，兜住敌方左腿向上掀起，致其身歪倒地。（图3-70）

◆ 图3-69

◆ 图3-70

捞手提摔

【实战举例】

1. 敌方右脚进步，右拳横扫我方头部。我方沉身下潜，避过敌拳。（图3-71）

2. 动作不停，我方右脚进步至敌方裆下，两手下伸抓住敌方两脚脚跟，猛劲向上提起，将其掀倒在地。（图3-72）

图3-71

图3-72

重拳栽劲

【实战举例】

1. 敌方左脚进步，右腿弹踢我方腹部。我方吞身避过，左拳乘机下栽砸击敌方右脚，致其疼痛失力。（图3-73）

2. 动作不停，我方再出右拳，向前下栽冲击敌方右大腿，致其剧痛难忍。（图3-74）

图3-73

图3-74

擒拿推送

【实战举例】

1. 敌方进身，左脚踹击我方头部。我方仰身避过，两手上托敌方左脚。（图3-75）

2. 动作不停，我方左脚稍进，左手顺势抓拧敌方左脚踝，右手抓住敌方左膝弯，向前用力推送，致其身歪倒地。（图3-76）

❮❮ 图3-75

❮❮ 图3-76

大力拐肘

三十九

【实战举例】

1. 我方右脚进步，右拳崩击敌方头部。敌方上提左臂裹拦我方右臂，化解我方攻击。（图3-77）

2. 动作不停，我方左脚上步，身向右转，左臂屈肘拐击敌方右耳，致其重创倒地。（图3-78）

⊗ 图3-77

⊗ 图3-78

肘挑腋下

【实战举例】

1. 敌方左脚进步,左拳冲打我方胸部。我方吞身坐胯,左掌上挑拦格敌方左臂。（图3-79）

2. 动作不停,我方右脚上步,右肘向前挑击敌方左腋。（图3-80）

图3-79

图3-80

抄绊插倒

【实战举例】

1. 敌方进身，右脚蹬击我方腹部。我方吞身避过，下伸左臂拦挡敌方右小腿。（图3-81）

2. 动作不停，我方左手外旋，顺势抄抱敌方右小腿，右脚上步绊住敌方左腿，右掌前伸插击敌方胸部，致其失衡后倒。（图3-82）

 图3-81

图3-82

连消带打

【实战举例】

1. 敌方左脚进步，左拳崩击我方头部。我方右拳上提，右臂屈肘格挡敌方左臂。（图3-83）

2. 动作不停，我方右脚进步，右拳顺势向前下伸，崩击敌方脸部。（图3-84）

❱ 图3-83

❱ 图3-84

反腕盘肘

【实战举例】

1. 我方右手刚出，即被敌方用右手抓住腕部。（图3-85）

2. 我方赶紧反击，速用左手抓按敌方右手，右手随即外旋与左手一起拧拉敌方右腕，向右旋身，左脚上步至敌方裆下，左肘向右盘压敌方右肘，将其牢牢控制。（图3-86）

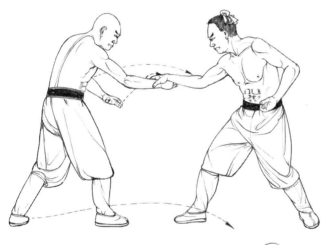

❱ 图3-85

❱ 图3-86

四十四

擒拿扫肘

【实战举例】

1. 敌方左脚进步，左拳砸向我方头部。我方偏身闪过，右臂屈肘拦格敌方左臂。（图3-87）

2. 动作不停，我方右手顺势抓拿敌方左臂，左脚上步绊住敌方左腿，向右旋身，左肘横扫敌方头部。（图3-88）

☆ 图3-87

☆ 图3-88

顺手牵羊

【实战举例】

1. 敌方左脚进步，右拳崩击我方头部。我方退步坐身，两掌交叉上架敌方右腕。（图3-89）

2. 动作不停，我方左脚前移绊住敌方左腿，身向右转，两手旋抓敌方右腕，左肘向右盘压敌方右臂，合力擒拿。（图3-90）

四十五

⊗ 图3-89

⊗ 图3-90

箍头顶膝

【实战举例】

1. 敌方左脚进步，右拳崩击我方头部。我方略向后撤步，上挑左掌拦格敌方右臂。（图3-91）

2. 动作不停，我方左脚前移，两手交叉向前抱住敌方头颈向下扒压，提起右膝顶击敌方腹部。（图3-92）

图3-91

图3-92

绕步砸肘

【实战举例】

1. 敌方左脚进步，右拳冲打我方胸部。我方仰身避过。（图3-93）

2. 动作不停，我方两脚绕步进至敌方身体右后侧，乘机以右肘砸击敌方后背，致其前栽。（图3-94）

图3-93

图3-94

四十八

跟步擒拿

【实战举例】

1. 我方右脚上步，左手抓住敌方右腕，右臂屈肘向上兜挎敌方右肘，准备将其擒拿。敌方急忙后拽右臂，企图逃脱。（图3-95）

2. 动作不停，我方左手紧抓敌腕不放，左脚迅速上步，向右旋身，右肘发力盘扭敌方右肘，将其牢牢擒制。（图3-96）

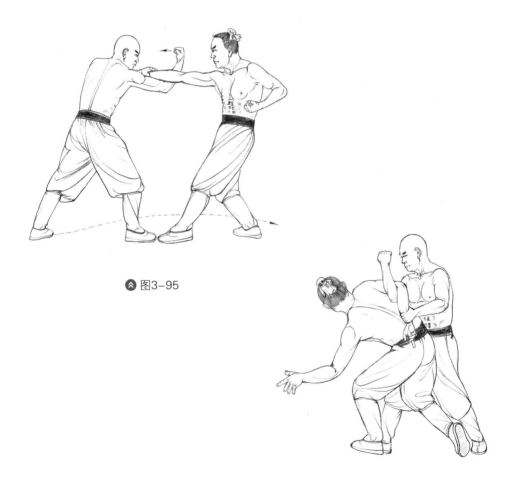

图3-95

图3-96

拧腕压肩

【实战举例】

1. 敌方右脚进步，右拳崩击我方头部。我方稍向后撤步，上提右手拦抓敌方右腕。（图3-97）

2. 动作不停，我方右手抓住敌方右腕顺势旋拧，左脚上步，身向右转，左前臂用力向右旋压敌方右肩，迫使敌方前仆伏地。（图3-98）

四十九

⊗ 图3-97

⊗ 图3-98

扣手踩肩

【实战举例】

1. 我方从敌方身后突袭，右脚绊住敌方右脚，右手以旋劲沾住敌方右臂向前拨推，致其肩扭身歪。（图3-99）

2. 动作不停，我方右手乘机抓扣敌方右手手指，左手扒压敌方右臂，提起左脚用力踩踏敌方右肩后侧，致其仆倒于地。（图3-100）

⚠ 图3-99

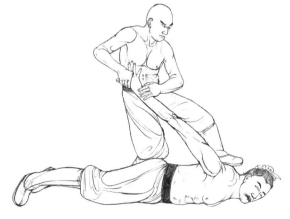

⚠ 图3-100

单引捣肘

【实战举例】

1. 敌方右脚进步，右拳冲打我方胸部。我方闪步偏身之际，乘机以左脚绊住敌方右脚跟，左掌拦压敌方右拳向右引劲。（图3-101）

2. 动作不停，我方向左回身，左肘顺势捣击敌方右肋，致其重创。（图3-102）

五十一

△ 图3-101

△ 图3-102

擒手肩扛

【实战举例】

1. 敌方右脚进步，右拳崩击我方胸部。我方闪身避过，上起两手抓拿敌方右腕与右肘。（图3-103）

2. 动作不停，我方两脚换步，身向右转，左肩扛起敌方右臂，两手向下拉压，合力伤之。（图3-104）

⤊ 图3-103

⤊ 图3-104

穿裆扛摔

【实战举例】

1. 敌方右脚进步，右拳崩击我方头部。我方上提左手，左臂屈肘格挡敌方右臂，化解敌方拳击。（图3-105）

2. 动作不停，我方左掌旋拿敌方右臂向左后拽，右脚上步进入敌方中门，右臂屈肘从敌方裆下向上兜挎，将敌方扛起向左抛摔而出。（图3-106）

五十三

△ 图3-105

△ 图3-106

顺劲盘肘

【实战举例】

1. 敌方左脚进步，左拳崩击我方头部。我方稍向后撤步，上提右臂格挡敌方左腕。（图3-107）

2. 动作不停，我方左脚前移，右臂贴住敌方左臂顺势向前盘肘，猛击敌方头部。（图3-108）

⤊ 图3-107

⤊ 图3-108

摔中使肘

【实战举例】

1. 敌方左脚进步，左掌撩击我方咽喉。我方低头避过，右脚乘机上步，前绊敌方左腿，右掌前伸从敌方背后扒住其右肩，右肩前顶其左肘，欲将其摔倒。敌方左臂后撤，意欲逃脱。（图3-109）

2. 动作不停，我方赶紧变招，向左转体沉身，右肘旋劲下砸，伤其脊椎。（图3-110）

五十五

⊗ 图3-109

⊗ 图3-110

双拦拐肘

【实战举例】

1. 敌方右脚进步，左拳冲打我方头部。我方偏身闪过，提起双掌格拦敌方左臂。（图3-111）

2. 动作不停，我方左脚摆步，向右旋身，右肘乘机旋夹敌方右臂，左肘顺势拐击敌方脸部。（图3-112）

❯ 图3-111

❯ 图3-112

牵牛过河

【实战举例】

1. 敌方右脚进步，右拳崩击我方头部。我方上提右臂格挡，化解敌方拳击。（图3-113）

2. 动作不停，我方两手乘机抓住敌方右臂，齐向右向后猛力旋拽，右脚后撤一步，向右转身，致其前仆于地。（图3-114）

❖ 图3-113

❖ 图3-114

压手崩抖

【实战举例】

1. 敌方右脚进步，右拳崩击我方头部。我方稍向后撤步，左腕内裹拦格敌方右臂。（图3-115）

2. 动作不停，我方左腕贴住敌方右前臂向下旋压，左脚前移，右拳对准敌方心窝抖劲崩去。（图3-116）

图3-115

图3-116

搂脖绊摔

【实战举例】

1. 我方抢攻，先以右手抓住敌方左腕，随即左脚上步绊住敌方左腿，左臂前伸搂住敌方脖颈。（图3-117）

2. 动作不停，我方向右拧身转腰，胯部上顶，左臂向右向下用力旋夹，致其翻身歪倒。（图3-118）

五十九

❯ 图3-117

❯ 图3-118

绊马拦压

【实战举例】

1. 敌方右脚进步，右拳崩击我方胸部。我方撤步吞身，避过敌拳。（图3-119）

2. 动作不停，我方右脚进步，后绊敌方右腿，左手向左拨开敌方右臂，向左转身，右掌向敌方脖颈猛劲拦压，致其后倒。（图3-120）

图3-119

图3-120

铁肘砸背

【实战举例】

1. 敌方右脚进步，右拳崩击我方胸部。我方稍向后撤步，上提右臂拦格，阻截敌方拳击。（图3-121）

2. 动作不停，我方右掌顺势抓拧敌方右腕向右牵带，左脚上步后绊敌方右腿，提起左肘下砸敌方后背。（图3-122）

六十一

❯ 图3-121

❯ 图3-122

六十二

闪步骑压

【实战举例】

1. 敌方左脚进步，左拳冲击我方胸部。我方向右闪身，右脚绕至敌方左后侧，使敌拳击空，失衡前仆。（图3-123）

2. 动作不停，我方乘机向左转身，右脚向左跨步，左手环抱敌方下颌，右手扳扣敌方眼鼻，将其骑压在地，动弹不得。（图3-124）

◎ 图3-123

◎ 图3-124

铁拳砸劲

六十三

【实战举例】

1. 敌方进身，右脚弹踢我方腹部。我方撤步避过，左拳下砸敌方右小腿。（图3-125）

2. 动作不停，我方右脚上步，再出右拳砸击敌方右大腿。（图3-126）

⊗ 图3-125

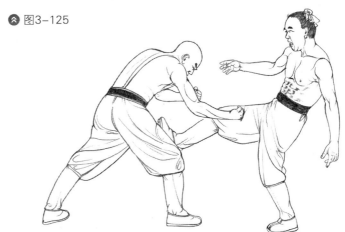

⊗ 图3-126

托按致倒

【实战举例】

1. 敌方左脚进步，右拳冲击我方头部。我方见敌方势猛，左脚向左闪步，俯身避过。（图3-127）

2. 动作不停，我方左手抓住敌方右小腿向上托起，右掌按压敌方脑后，致其前仆歪倒。（图3-128）

图3-127

图3-128

拳打阴曹

【实战举例】

1. 敌方右脚进步，向我方扑来。我方沉身下潜，速发右拳前砸敌方裆部。（图3-129）

2. 动作不停，我方再出左拳栽击敌方裆部，致其重创。（图3-130）

⊗ 图3-129

⊗ 图3-130

掌切拳砸

【实战举例】

1. 敌方进身，右脚弹击我方裆部。我方退身闪过，左掌向左向下切击敌方右腿。（图3-131）

2. 动作不停，我方右脚上步，右拳砸击敌方右膝，致其疼痛难忍。（图3-132）

图3-131

图3-132

卧身扫堂

【实战举例】

1. 敌方进身，右脚蹬踢我方头部。我方向左闪步，沉身下潜，两手按地，蓄势待发。（图3-133）

2. 动作不停，我方右脚向前用力勾扫敌方左脚踝，将其踢倒。（图3-134）

⊗ 图3-133

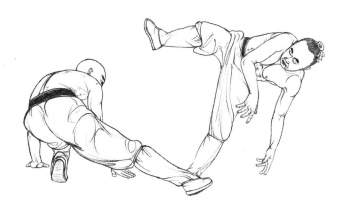

⊗ 图3-134

捣肘反摔

【实战举例】

1. 敌方从身后抱住我方上身，准备摔跌。（图3-135）

2. 我方右肘迅速向后捣击敌方右肋，以使敌方受击而松手，然后乘机右转，右手搂夹敌方脖颈，右腿后绊敌方右腿，将其摔倒。（图3-136）

图3-135

图3-136

反弹追魂

【实战举例】

1. 敌方进身，右腿倒扫我方头部。我方仰身避过。（图3-137）

2. 动作不停，我方速起右脚弹踢敌方裆部，致其重创。（图3-138）

六十九

⊗ 图3-137

⊗ 图3-138

裆后抱腿

【实战举例】

1. 我方欲从敌方身后擒拿，右脚进步，绊住敌方右腿，向下潜身，右手穿过敌方裆下，与左手齐抱其左大腿。（图3-139）

2. 动作不停，我方两手用力后拉，右肩前拱敌方臀部，致其前栽仆地。（图3-140）

❖ 图3-139

❖ 图3-140

展臂下跺

【实战举例】

1. 敌方从身后将我方双臂及上身齐抱。（图3-141）

2. 我方迅速反击，两膀抖劲向外用力分张，挣脱敌方箍抱之际，左脚下跺敌方左脚。（图3-142）

图3-141

图3-142

七十二

捉足伤踝

【实战举例】

1. 敌方进身，右脚蹬踢我方腹部。我方稍向后挪身，左手托抓敌方右脚跟。（图3-143）

2. 动作不停，我方右手抓住敌方右脚前脚掌向右旋拧，左手向左上扳，合力扭挫敌方脚踝，伤其关节，致其仆地。（图3-144）

⊗ 图3-143

⊗ 图3-144

绊马推颌

【实战举例】

1. 敌方进身，右脚蹬踢我方腹部。我方稍向后撤步，下伸左臂格挡敌方右小腿。（图3-145）

2. 动作不停，我方左手外绕兜起敌方右小腿，右脚上步绊住敌方左腿，右掌推击敌方下颌，致其仰倒。（图3-146）

图3-145

图3-146

两手卷腕

【实战举例】

1. 敌方右脚进步，右拳崩击我方胸部。我方撤步沉身，上提左掌向右拦格敌方右肘。（图3-147）

2. 动作不停，我方上提右手抓住敌方右拳，后撤左手抓住敌方右腕，两脚换步，向下俯身，两手合力卷压敌方右腕，致其跪地就擒。（图3-148）

图3-147

图3-148

靠身制臂

【实战举例】

1. 敌方左脚进步，左拳崩击我方头部。我方头稍后闪，右掌向左拍击敌方左肘，使其左拳走空。（图3-149）

2. 动作不停，我方左手经敌方左臂外侧上穿抓住敌方左腕向下拧拉，右掌按压敌方左肘使其臂反折，左脚上步后绊敌方左腿，上下配合，将其擒拿。（图3-150）

七十五

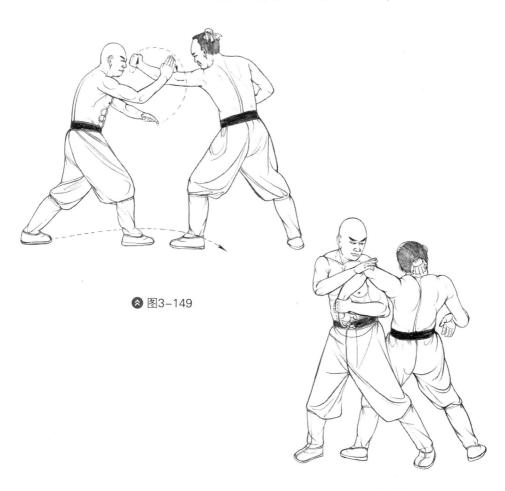

⊗ 图3-149

⊗ 图3-150

牵手撩打

【实战举例】

1. 敌方右脚进步，右拳崩击我方胸部。我方偏身闪过，右手抓按敌方右臂，左脚乘机后绊敌方右腿。（图3-151）

2. 动作不停，我方左手变拳穿过敌方右臂，撩打敌方下颌。（图3-152）

⚘ 图3-151

⚘ 图3-152

绊马捅喉

【实战举例】

1. 敌方右脚进步，右拳崩击我方面部。我方稍向后撤步，左手向前拦抓敌方右臂，阻截其拳击。（图3-153）

2. 动作不停，我方右脚向前上步，后绊敌方右腿，右手以扁拳向前捅击其咽喉。（图3-154）

七十七

⊗ 图3-153

⊗ 图3-154

七十八

拦腿卸肩

【实战举例】

1. 敌方右脚进步，右拳崩击我方头部。我方稍向后撤步，上挑右掌拦格敌方右臂。（图3-155）

2. 动作不停，我方右手顺势抓扣敌方右手向右拧拽，左脚上步前拦敌方右腿，左手扣抓敌方右肩向右用力旋压，使其俯身就擒。（图3-156）

◈ 图3-155

» 图3-156

两拳齐撞

七十九

【实战举例】

1. 敌方进身，右腿摆踢我方头部。我方撤步避过，上提左臂格挡敌方右腿。（图3-157）

2. 动作不停，我方右脚上步，后绊敌方左腿，两拳齐向前冲，撞向敌方面门，致其后翻倒地。（图3-158）

❖ 图3-157

❖ 图3-158

八十

拧腕夹臂

【实战举例】

1. 敌方左脚进步，左拳崩击我方面部。我方撤步闪过，上提右掌拦格敌方左腕。（图3–159）

2. 动作不停，我方右掌旋抓敌方左腕向右、向上拧，左脚上步于敌方裆下，身向右转，左肘向左勾夹敌方左上臂，将其擒拿。（图3–160）

 图3–159

图3–160

扭臂拐肘

【实战举例】

1. 敌方右脚进步，右拳崩击我方头部。我方撤步闪过，上挑右掌格挡敌方右臂。（图3-161）

2. 动作不停，我方右掌旋抓敌方右臂向右、向上拧，左脚上步于敌方裆下，身向右转，左肘向前拐击敌方头部。（图3-162）

图3-161

图3-162

绊马斜压

【实战举例】

1. 敌方右脚进步，右拳崩击我方头部。我方稍向后撤步，上提左掌拦格敌方右臂。（图3-163）

2. 动作不停，我方右脚上步后绊敌方右腿，左掌向外拨压敌方右臂，向左转身，右掌斜向敌方脖颈用力拍压，致其后仰歪倒。（图3-164）

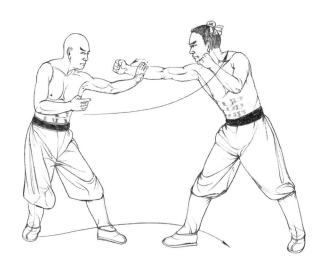

⊗ 图3-163

⊗ 图3-164

大力双推

【实战举例】

1. 敌方左脚进步，两拳以双峰贯耳势夹击我方头部。我方缩身坐步，避过敌拳。（图3-165）

2. 动作不停，我方右脚上步于敌方裆下，两掌齐推而出，猛撞敌方胸部，将其击倒。（图3-166）

✿ 图3-165

≫ 图3-166

顺手踢脚

【实战举例】

1. 敌方左脚进步，右拳攻来。我方左掌拦格敌方右拳，右掌随即前插敌方心窝。敌方急忙后退。（图3-167）

2. 动作不停，我方跟踪追击，右脚弹踢敌方裆部。（图3-168）

» 图3-167

» 图3-168

拳捅脑后

八十五

【实战举例】

1. 敌方进身，左腿踹击我方腹部。我方滑步后撤，避过敌腿。（图3-169）

2. 动作不停，我方左脚上步，右脚绕步进至敌方左后侧，向左转身，右手扁拳捅击其脑后。（图3-170）

« 图3-169

« 图3-170

八十六

上冲下勾

【实战举例】

1. 我方左脚进步，左拳冲打敌方头部。敌方后退避过。（图3-171）

2. 动作不停，我方右脚上步，沉身下坐，右拳勾击敌方裆部。（图3-172）

>> 图3-171

>> 图3-172

铁头撞裆

【实战举例】

1. 敌方右脚进步，双手来抓我方头部。我方沉身下潜，避过来招。（图3-173）

2. 动作不停，我方右脚上步于敌方裆下，两手前伸抓扣敌方两膝，同时以头部前撞其裆部。（图3-174）

八十七

◀ 图3-173

◀ 图3-174

猛虎扑食

【实战举例】

1. 敌方左脚进步，欲以右拳摆击我方头部。我方迎击而上，左手抓按敌方右臂，右手以虎口卡推其咽喉。（图3-175）

2. 动作不停，我方身向左旋，左手抓住敌方右臂向左向后下拽，右手卡住敌方咽喉向左向下旋劲推压，致其仰倒在地，动弹不得。（图3-176）

» 图3-175

» 图3-176

一腿两用

【实战举例】

1. 敌方进身，右腿扫踢我方左肋。我方并不退步，左腿提膝，阻截敌方右腿。（图3-177）

2. 动作不停，我方左腿伸膝前弹，脚尖发力，伤其裆部。此招一屈一伸，有拦有踢；顺势反击，防不胜防。（图3-178）

《 图3-177

《 图3-178

冲拳伤膝

【实战举例】

1. 敌方进身，右脚踹击我方左膝。我方左脚向左闪步，右手下挂敌方右腿。（图3-179）

2. 动作不停，我方向右转身，左拳猛劲向下冲击敌方右膝，伤其关节，致其失力。（图3-180）

❮ 图3-179

❮ 图3-180

抄腿插掌

【实战举例】

1. 敌方右脚撩阴，弹踢我方裆部。我方右拳下插，用右臂格挡敌方右腿。（图3–181）

2. 动作不停，我方右肘抄起敌方右腿顺势夹住，左掌乘机前插敌方胸部。（图3–182）

图3–181

图3–182

二侠递手

【实战举例】

1. 敌方左脚进步，两掌齐出插击我方咽喉。我方稍向后撤步，两掌上拦敌方两腕。（图3-183）

2. 动作不停，我方两掌顺势抓扣敌方两掌，向外用力扭转，伤其指腕。（图3-184）

⚙ 图3-183

⚙ 图3-184

扭头伤颈

【实战举例】

1. 敌方左脚进步，双手夹抱我方右腿，欲行摔跌。我方迅速俯身，稳住步形。（图3-185）

2. 动作不停，我方再用两手夹抱敌方头部，旋劲扭动，伤其颈椎。（图3-186）

图3-185

图3-186

垫步蹬脚

【实战举例】

1. 敌方右脚进步，右拳劈击我方头部。我方稍向左闪，上提右掌拦格敌方右臂。（图3-187）

2. 动作不停，我方右手外拨，右脚垫步，身向右转，左脚猛蹬敌方右腰，将其踢倒在地。（图3-188）

图3-187

图3-188

二龙抢珠

【实战举例】

1. 敌方左脚进步，右拳崩击我方头部。我方稍向右闪，左臂向左格挡敌方右臂。（图3–189）

2. 动作不停，我方左脚进步，左臂下压，右手以二龙指插击敌方双眼。（图3–190）

❖ 图3–189

❖ 图3–190

九十六

关门送客

【实战举例】

1. 敌方右脚进步，双手欲上提抓击我方。我方速以双掌抓住敌方两肘用力推按，使其两臂下沉而无法出手。（图3-191）

2. 动作不停，我方右脚乘机向前向上踢出，以脚跟蹬击敌方胸口，致其重创后倒。（图3-192）

◈ 图3-191

◈ 图3-192

兔子蹬鹰

【实战举例】

1. 敌方右脚进步，双手向我方胸部扑抓而来。我方见敌方力大势猛，两手接抓其两肘，身向后倒，臀部落地，右脚顺势上抵其腹部。（图3-193）

2. 动作不停，我方双手紧紧拉拽，右脚抵住敌方腹部猛向上蹬，将其翻转摔出。（图3-194）

⊗ 图3-193

⊗ 图3-194

九十八

拽手冲拳

【实战举例】

1. 敌方右脚进步，右拳冲击我方面部。我方向后撤步，上提左手拦抓敌方右腕。（图3-195）

2. 动作不停，我方左手抓住敌方右腕向左、向后猛然一拽，在敌方身歪步斜之际，左脚前移，右拳冲向敌方咽喉。（图3-196）

⚶ 图3-195

⚶ 图3-196

肘兜肩扛

【实战举例】

1. 敌方左脚进步，右拳崩击我方头部。我方身体稍向后撤，上提左掌向前推架，拦格敌方右臂。（图3-197）

2. 动作不停，我方左掌顺势旋抓敌方右腕，右脚上步于敌方裆下，右肘穿过敌方裆部向上兜提，右肩助劲将其扛起。（图3-198）

九十九

❯ 图3-197

❯ 图3-198

拧手摔跌

【实战举例】

1. 敌方左脚进步，欲用右手抓击我方。我方左拳前提，拦挡敌方右腕。（图3-199）

2. 动作不停，我方两手一起扣抓敌方右手，左脚向左横开一步，向左转身，两手合力向左、向下拧扭，伤其手指，致其摔跌。（图3-200）

▲ 图3-199

▲ 图3-200

扛肘锁喉

【实战举例】

1. 敌方右脚进步，右拳崩击我方胸部。我方左手拦抓敌方右臂。（图3-201）

2. 动作不停，我方左手向左、向上拉捋敌方右臂，右脚进步后绊敌方右腿，头部向前钻过敌方右臂，以右肩扛住敌方右肘，右手虎口卡住敌方咽喉向左旋压，使其失势后倒。（图3-202）

 图3-201

图3-202

拽臂扛摔

【实战举例】

1. 敌方左脚进步，右拳冲打我方胸部。我方左掌上挑，拦架敌方右臂。（图3-203）

2. 动作不停，我方两手合力抓拿敌方右臂向左、向下拉拽，右脚向左绕步，身向左转，右肩扛起敌方右臂，将其背起摔出。（图3-204）

⊗ 图3-203

⊗ 图3-204

双拧倒挂

【实战举例】

1. 敌方左脚进步，左拳掏打我方下颌。我方撤步闪过，右掌抓按敌方左臂，使其来拳落空。（图3-205）

2. 动作不停，我方两手合力抓拿敌方左手向右、向下旋拧，左脚向前以脚跟倒挂敌方左腿，致其翻身躺地。（图3-206）

⊗ 图3-205

⊗ 图3-206

铁头撞尾

【实战举例】

1. 敌方左脚进步，右拳冲打我方胸部。我方见敌方势猛，两脚连环绕步，闪至其身后。（图3-207）

2. 动作不停，我方右脚跨向敌方后裆之下，两手扒伏敌方两腿，低头猛撞敌方尾椎，致其前栽仆出。（图3-208）

⊼ 图3-207

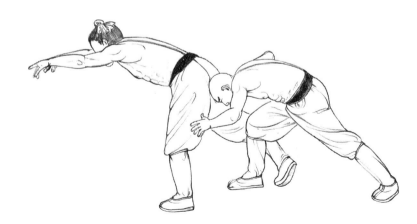

≫ 图3-208

控腿拧摔

【实战举例】

1. 敌方进身，右脚蹬踢我方胸部。我方偏身侧闪，右手抓扣敌方右脚跟，左肘兜挎敌方右小腿，合力控其右腿。（图3–209）

2. 动作不停，我方向左转身，两手合力扳拧敌方腿脚，致其翻身趴地。（图3–210）

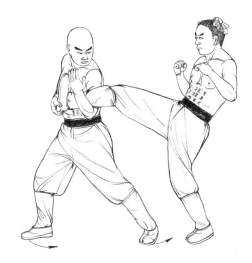

❮ 图3–209

❮ 图3–210

转砸捅劲

【实战举例】

1. 敌方右脚进步，右拳冲打我方头部。我方向左大幅转身，避过敌方来拳。（图3-211）

2. 动作不停，我方向右转身，右拳反甩砸落敌方右臂，随即右脚进步，左手以扁拳捅击其后背。（图3-212）

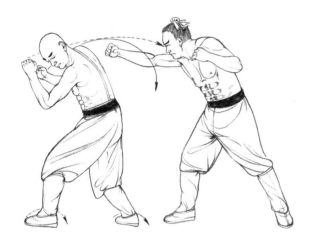

⊗ 图3-211

⊗ 图3-212

端肘伤肘

【实战举例】

1. 敌方左脚进步，左拳崩击我方头部。我方稍向后撤步，右掌上提拦切敌方左臂。（图3-213）

2. 动作不停，我方右手顺势抓住敌方左腕向下拧压，左脚上步，左肘兜挎敌方左肘用力上端，伤其关节。（图3-214）

⌃ 图3-213

⌃ 图3-214

擒锁绊摔

【实战举例】

1. 敌方右脚进步，右拳冲打我方头部。我方上提左掌拦格敌方右臂。（图3-215）

2. 动作不停，我方左手顺势抓扣敌方右腕，右脚上步后绊敌方右腿，右手虎口卡住敌方咽喉向左旋推，致其倒地，将其擒拿。（图3-216）

❮ 图3-215

❮ 图3-216

绕步掏阴

【实战举例】

1. 敌方右脚进步，右拳冲打我方面部。我方见敌方势猛，向左闪步，偏身下沉，避过敌拳。（图3-217）

2. 动作不停，我方两脚绕步进至敌方身后，右手穿过敌方臀下抓拽敌方下阴，致其剧痛失力。（图3-218）

❯ 图3-217

❯ 图3-218

游身跌扑

【实战举例】

1. 敌方左脚进步，右拳冲打我方面部。我方向左闪步，上提右臂拦格敌方右臂。（图3-219）

2. 动作不停，我方左脚进步至敌方裆下，向右转身，右掌按压敌方后颈，左掌推压敌方后腰，致其前栽仆出。（图3-220）

❯ 图3-219

❯ 图3-220

老虎卡羊

【实战举例】

1. 敌方右脚进步，俯身欲抱我方右腿。我方右脚撤步闪过，右拳顺势劈砸敌方头部。（图3-221）

2. 动作不停，我方左脚前移，提起右腿向左跨过敌方后背，用力向下骑压，右臂环勒敌方咽喉，左手抓住自己右腕，合力将其制伏。（图3-222）

☆ 图3-221

☆ 图3-222

双扣翘扭

【实战举例】

1. 我方左脚进步，右掌前伸准备插击敌方咽喉。敌方右手叉开虎口托住我方右掌，准备擒拿我方。（图3-223）

2. 我方速将右手掌指扣住敌方右掌向下缠拧，右脚上步，上提左手从敌方右臂内侧折回扣按敌方右腕，左肘上翘敌方右臂，即可扭伤其右手。（图3-224）

⌃ 图3-223

⌄ 图3-224

牵牛过栏

【实战举例】

1. 敌方右脚进步，右手掏抓我方裆部。我方向右闪步，重心右移，左掌下拍敌方右手。（图3-225）

2. 动作不停，我方两手乘机齐扣住敌方右手，用力向前、向下卷压，左脚撤步助力，即可折伤其右腕。（图3-226）

❖ 图3-225

❖ 图3-226

一一四

三合擒臂

【实战举例】

1. 敌方右脚进步，右拳摆击我方头部。我方撤步闪过，上提右掌向左用力切击敌方右肘，使其疼痛失力。（图3-227）

2. 动作不停，我方右掌顺势扣按敌方右臂，左脚上步后绊敌方右腿，身向右转，左肩扛住敌方右腕，左肘盘压敌方右肩，合力制敌右臂，将其牢牢擒拿。（图3-228）

❮ 图3-227

❮ 图3-228

拧手踩踏

【实战举例】

1. 敌方右脚进步，右拳冲打我方头部。我方撤步沉身，上提右手接抓敌方右腕。（图3-229）

2. 动作不停，我方上提左手抓住敌方右手，与左手齐向右拧转，乘机提起右脚踩踏敌方右膝，将其擒拿。（图3-230）

 图3-229

图3-230

猛虎下山

【实战举例】

1. 敌方左脚进步，右拳崩击我方头部。我方身体稍向右偏，前伸左臂拦格敌方右臂。（图3-231）

2. 动作不停，我方左脚前滑垫步，右脚跨一大步绊住敌方两腿，左手向左、向下压敌方右臂，右手前冲卡住敌方脖颈向后猛劲旋压，致其翻身倒地。（图3-232）

⏫ 图3-231

⏫ 图3-232

饿虎撕食

【实战举例】

1. 敌方右脚进步，右拳栽击我方腹部。我方身体右旋避过，左臂下拦敌方右臂。（图3-233）

2. 动作不停，我方两手一起抓扣敌方咽喉用力扑按，右脚倒扫敌方右脚跟用力勾挂，致其仰倒于地。（图3-234）

❖ 图3-233

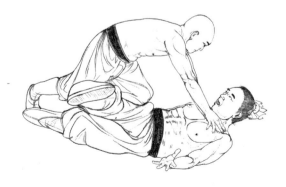

❖ 图3-234

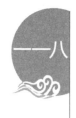

上步崩拳

【实战举例】

1. 敌方右脚进步，右拳崩击我方头部。我方稍向后撤步，上起左掌裹格敌方右臂。（图3-235）

2. 动作不停，我方左掌向右拦推，左脚上步，右拳崩击敌方心窝，将其重创。（图3-236）

❖ 图3-235

❖ 图3-236

掀腿弹踢

【实战举例】

1. 敌方进身，右腿蹬踢我方心口。我方撤步闪过，前伸左手托住敌方右脚跟。（图3-237）

2. 动作不停，我方左手向上掀起，左脚前滑，右脚弹踢敌方裆部，致其重创。（图3-238）

◀ 图3-237

◀ 图3-238

回身鞭拳

【实战举例】

1. 敌方左脚进步，右拳冲打我方头部。我方向右、向后转身，避开来拳，蓄势待发。（图3-239）

2. 动作不停，我方迅速回身，以左鞭拳猛劲甩击敌方左腮，致其翻身歪倒。（图3-240）

❯ 图3-239

❯ 图3-240

顺步长崩

【实战举例】

1. 敌方右脚进步，右拳崩击我方头部。我方稍向后撤步，沉身下坐，上抬右拳甩劲弹开敌方右臂。（图3-241）

2. 动作不停，我方左脚上步，后绊敌方右腿，左拳随即跟进，崩击其右肋。（图3-242）

◈ 图3-241

◈ 图3-242

拦手跺子

【实战举例】

1. 敌方左脚进步，左拳崩击我方头部。我方身体稍向后仰，左掌向左扒拦敌方左臂，使敌拳落空。（图3-243）

2. 动作不停，我方右脚垫步，提起左脚猛跺敌方左腹，将其击退。（图3-244）

◈ 图3-243

◈ 图3-244

盘腰倒勾

【实战举例】

1. 敌方左脚进步，右拳摆打我方面部。我方见敌方势猛，向左闪步，沉身下潜，避过敌拳。（图3-245）

2. 动作不停，我方左脚向前滑步，提起右脚猛劲向右、向后勾挂敌方腰脊，使其前仆于地。在敌方倒地之后，我方右脚随即下踩，将其制伏。（图3-246）

⊗ 图3-245

⊗ 图3-246

回马追魂

【实战举例】

1. 我方正在行进，敌方突然出现在我方身后，欲行攻击。（图3-247）

2. 我方惊觉有变，赶紧右转，右脚进步以右膝前顶（封闭下盘，阻敌进步），左臂屈肘向前、向上推拦（封闭上门，预防来击），右拳乘机勾撞敌方裆部（既可伤敌，又可迫其回防）。（图3-248）

» 图3-247

» 图3-248

解扣抓裆

【实战举例】

1. 敌方从身后将我方双臂及身体扣手抱住。（图3-249）

2. 我方迅速解脱，向下沉身，两臂外撑，使敌方两手松开；随即反击，向后伸右手抓拉敌方裆部，致其受创。（图3-250）

《 图3-249

《 图3-250

一二六

顺劲捣肘

【实战举例】

1. 敌方以两手抓住我方右掌，向我方身后反拧。（图3-251）

2. 我方赶紧向左转身，右臂顺着敌劲向左旋摆，即可迟滞敌方发力；随即反击，左肘后捣敌方咽喉，致其受创。（图3-252）

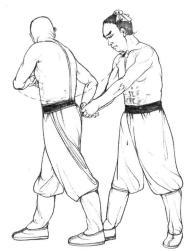

» 图3-251

» 图3-252

双贯拉趴

【实战举例】

1. 我方抢攻，左脚进步，双掌夹击敌方耳门。（图3-253）

2. 动作不停，我方左脚撤步，两手夹扣敌方头部猛劲下拉，致其前栽仆地，重创难起。（图3-254）

图3-253

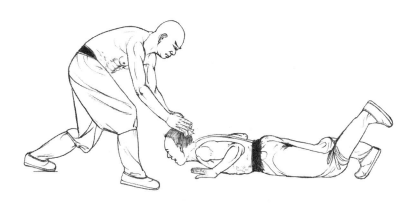

图3-254